Impressum
Verlag: BABADADA GmbH, Nedderfeld 112 , 22529 Hamburg
Geschäftsführer / Verlagsleitung: Harald Hof
Druck: Books on Demand GmbH, In de Tarpen 42, 22848 Norderstedt

Imprint
Publisher: BABADADA GmbH, Nedderfeld 112 , 22529 Hamburg, Germany
Managing Director / Publishing direction: Harald Hof
Print: Books on Demand GmbH, In de Tarpen 42, 22848 Norderstedt

koulu

ysgol

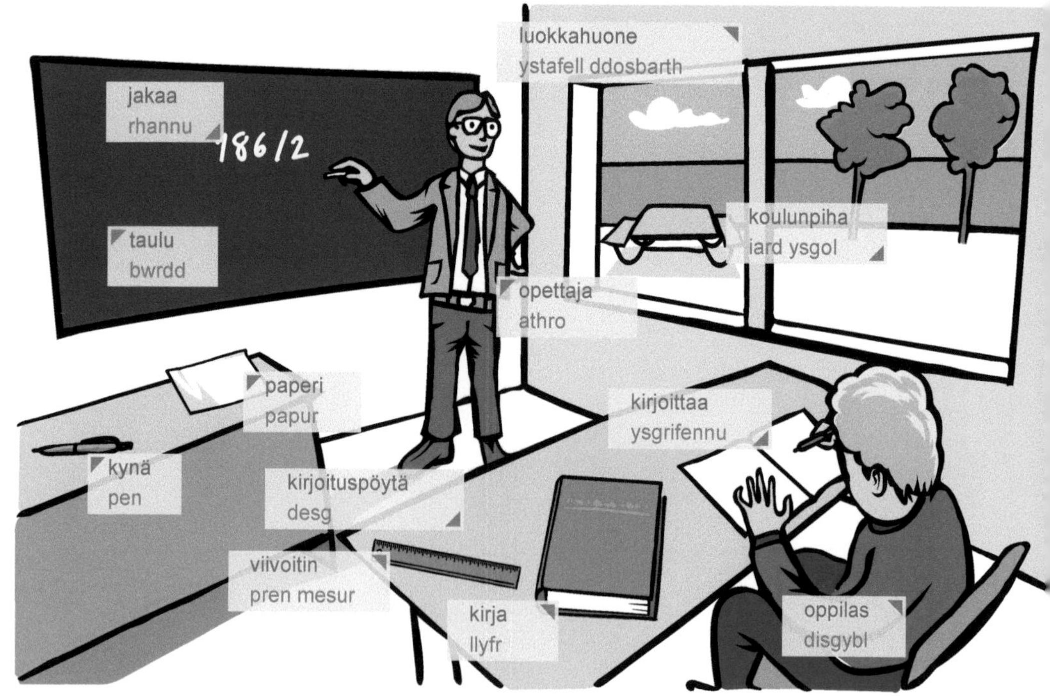

luokkahuone
ystafell ddosbarth
jakaa
rhannu
186/2
taulu
bwrdd
koulunpiha
iard ysgol
opettaja
athro
paperi
papur
kirjoittaa
ysgrifennu
kynä
pen
kirjoituspöytä
desg
viivoitin
pren mesur
kirja
llyfr
oppilas
disgybl

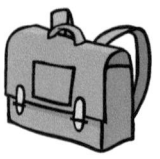

reppu
bag ysgol

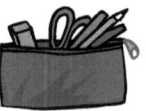

penaali
blwch penselau

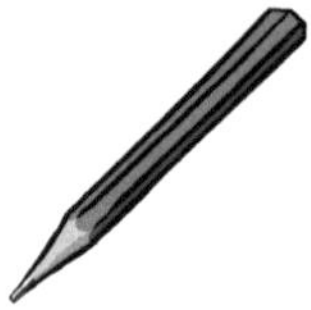

lyijykynä
pensil

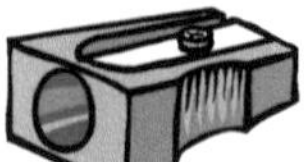

kynänteroitin
miniwr

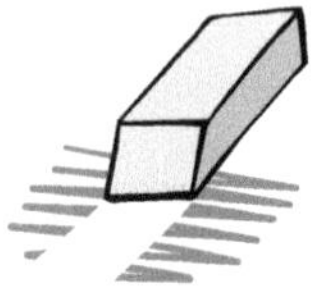

pyyhekumi
rwber

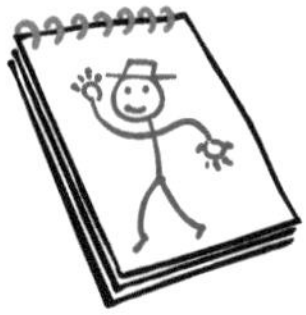

piirustuslehtiö
pad arlunio

piirustus
draw

pensseli
brws paent

vesivärit
blwch paent

sakset
siswrn

liima
glud

harjoituskirja
llyfr ysgrifennu

kotitehtävä
gwaith cartref

12

luku
rhif

2+2

lisätä
ychwanegu

5-2

vähentää
tynnu

2×2

kertoa
lluosi

laskea
cyfrifo

A

kirjain
llythyren

ABCDEFG
HIJKLMN
OPQRSTU
VWXYZ

aakkoset
gwyddor

hello

sana
gair

teksti

testun

lukea

darllen

liitu

sialc

oppitunti

gwers

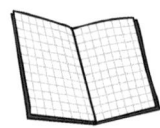

opettajan muistikirja

cofrestr

koe

arholiad

todistus

tystysgrif

koulupuku

gwisg ysgol

koulutus

addysg

sanakirja

gwyddoniadur

yliopisto

prifysgol

mikroskooppi

microsgop

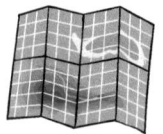

kartta

map

roskakori

basged papur gwastraff

hotelli
gwesty

retkeilymaja
hostel

ROOMS

rahanvaihto
swyddfa gyfnewid

EXCHANGE

matkalaukku
cês dillad

auto
car

kieli

iaith

kyllä / ei

ie / na

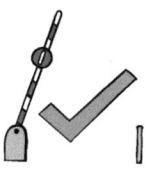

selvä

iawn

hei

helo

tulkki

cyfieithydd

kiitos

Diolch yn fawr

Paljonko...maksaa?

faint yw ...?

en ymmärrä

Dw i ddim yn deall

ongelma

problem

Hyvää iltaa!

Noswaith dda!

Hyvää huomenta!

Bore da!

Hyvää yötä!

Nos da!

näkemiin

hwyl

suunta

cyfarwyddyd

matkatavarat

bagiau

laukku

bag

reppu

gwarbac

vieras

gwestai

huone

ystafell

makuupussi

sach gysgu

teltta

pabell

turisti-info

gwybodaeth i ymwelwyr

ranta

traeth

luottokortti

cerdyn credyd

aamupala

brecwast

lounas

cinio

päivällinen

swper

matkalippu

tocyn

hissi

lifft

postimerkki

stamp

raja

ffin

tulli

tollau

suurlähetystö

llysgenhadaeth

viisumi

fisa

passi

pasbort

kuljetus
cludiant

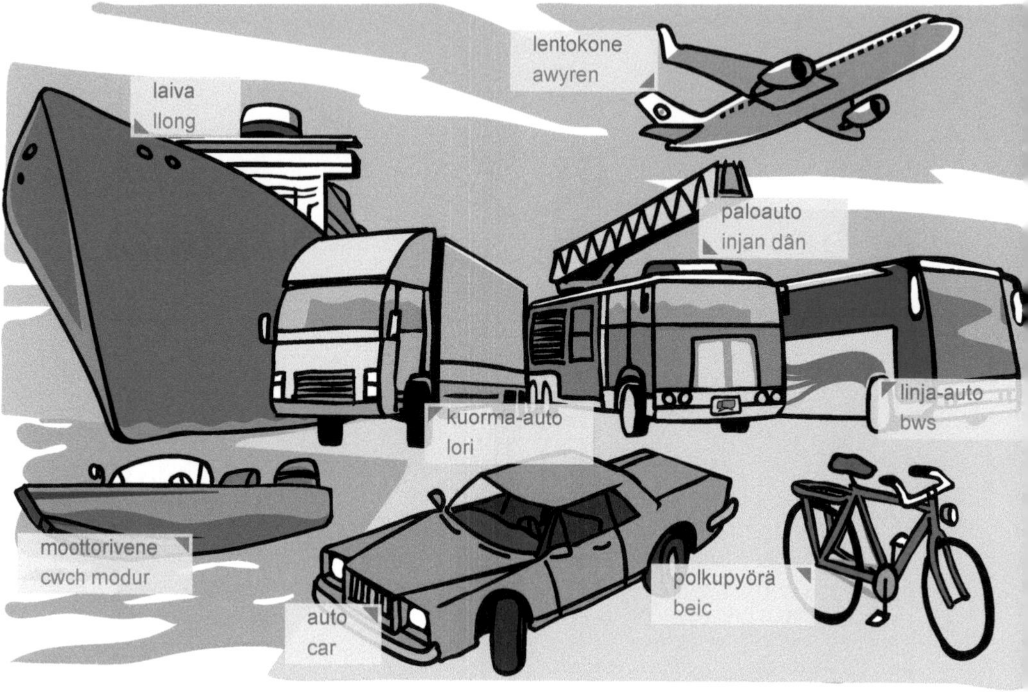
lentokone
awyren
laiva
llong
paloauto
injan dân
linja-auto
bws
kuorma-auto
lori
moottorivene
cwch modur
polkupyörä
beic
auto
car

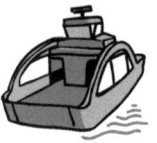

lautta
fferi

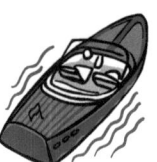

vene
cwch

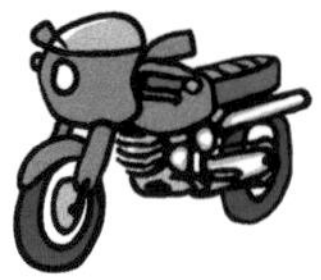

moottoripyörä
beic modur

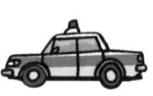

poliisiauto
car yr heddlu

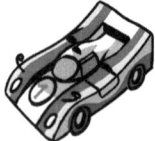

kilpa-auto
car rasio

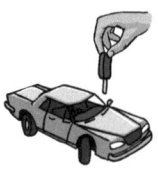

vuokra-auto
car wedi'i rentu

car sharing

rhannu car

hinausauto

lori tynnu

roska-auto

lori ysbwriel

moottori

modur

polttoaine

tanwydd

huoltoasema

gorsaf betrol

liikennemerkki

arwydd traffig

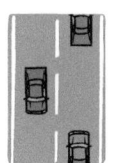

liikenne

traffig

ruuhka

tagfa draffig

parkkipaikka

maes parcio

rautatieasema

gorsaf drennau

raiteet

traciau

juna

trên

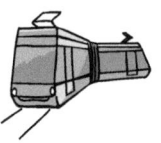

raitiovaunu

tram

vaunu

wagen

helikopteri

hofrennydd

lentokenttä

maes awyr

lähilennonjohto

tŵr

matkustaja

teithiwr

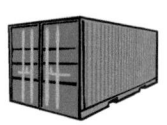

kontti

cynhwysydd

pahvilaatikko

paced

kärryt

cert

kori

basged

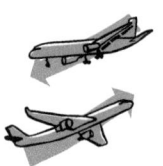

nousta / laskea

esgyn / glanio

kaupunki
dinas

kylä

pentref

keskusta

canol y ddinas

talo

tŷ

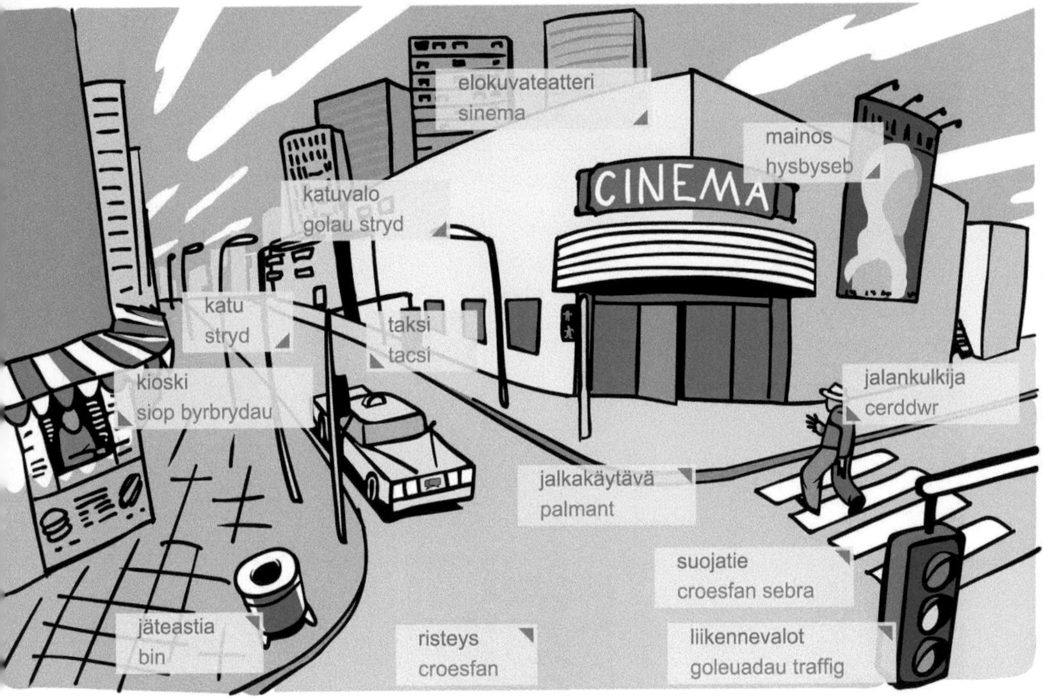

elokuvateatteri
sinema

mainos
hysbyseb

katuvalo
golau stryd

CINEMA

katu
stryd

taksi
tacsi

kioski
siop byrbrydau

jalankulkija
cerddwr

jalkakäytävä
palmant

suojatie
croesfan sebra

jäteastia
bin

risteys
croesfan

liikennevalot
goleuadau traffig

mökki
cwt

kerrostalo
fflat

rautatieasema
gorsaf drennau

kaupungintalo
neuadd y dref

museo
amgueddfa

koulu
ysgol

yliopisto	pankki	sairaala
prifysgol	banc	ysbyty

hotelli	apteekki	toimisto
gwesty	fferyllfa	swyddfa

kirjakauppa	liike	kukkakauppa
siop lyfrau	siop	siop flodau

supermarketti	tori	tavaratalo
archfarchnad	farchnad	siop adrannol

kalakauppias	ostoskeskus	satama
siop bysgod	canolfan siopa	harbwr

puisto

parc

penkki

banc

silta

pont

portaat

grisiau

metro

rheilffordd danddaearol

tunneli

twnnel

linja-autopysäkki

safle bws

baari

bar

ravintola

bwyty

postilaatikko

blwch post

katukyltti

arwydd stryd

parkkimittari

mesurydd parcio

eläintarha

sŵ

uimala

pwll nofio

moskeija

mosg

maatila
fferm

ympäristön saastuminen
llygredd

hautausmaa
mynwent

kirkko
eglwys

leikkikenttä
maes chwarae

temppeli
teml

maisema
tirwedd

lehti
deilen

tienviitta
arwydd cyfeirio

tie
ffordd

niitty
dôl

kivi
carreg

puu
coeden

retkeilijä
heiciwr

joki
afon

ruoho
glaswellt

kukka
blodyn

laakso
cwm

vuori
bryn

järvi
llyn

metsä
coedwig

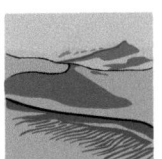

aavikko
anialwch

tulivuori
llosgfynydd

linna
castell

sateenkaari
enfys

sieni
madarchen

palmu
palmwydden

hyttynen
mosgito

kärpänen
pryf

muurahainen
morgrugyn

mehiläinen
gwenyn

hämähäkki
pryf copyn

kovakuoriainen

chwilen

sammakko

llyffant

orava

gwiwer

siili

draenog

jänis

ysgyfarnog

pöllö

tylluan

lintu

aderyn

joutsen

alarch

villisika

baedd

peura

carw

hirvi

elc

pato

argae

tuulimylly

tyrbin gwynt

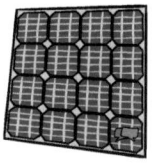

aurinkopaneeli

panel haul

ilmasto

hinsawdd

ravintola
bwyty

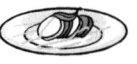

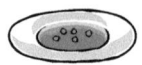

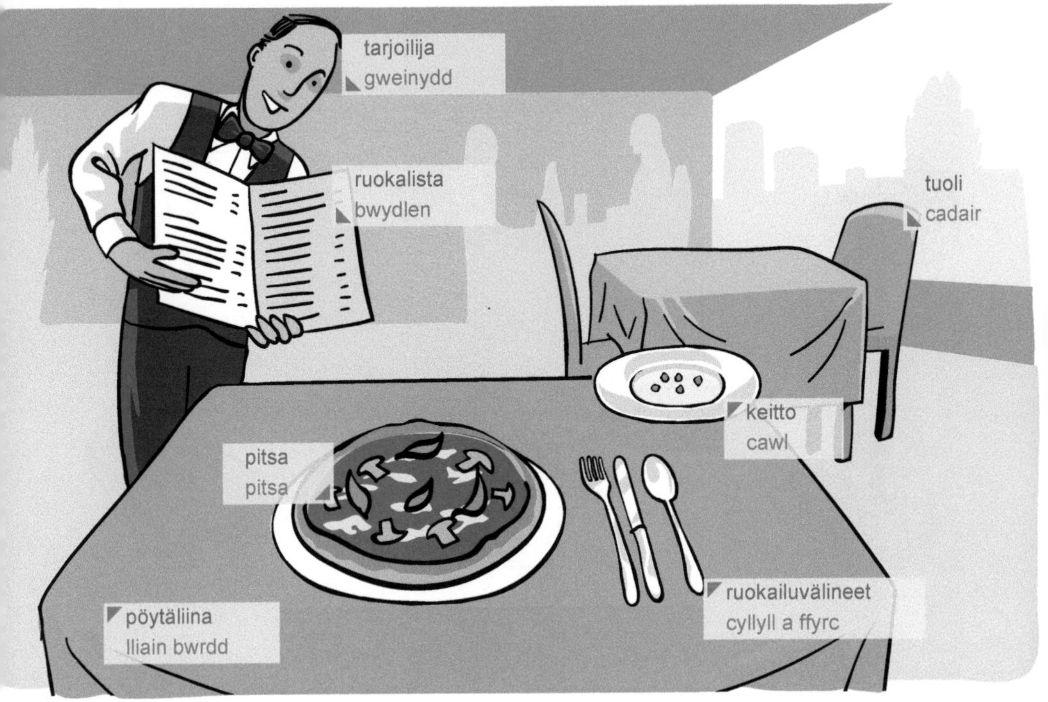
tarjoilija
gweinydd
ruokalista
bwydlen
tuoli
cadair
keitto
cawl
pitsa
pitsa
ruokailuvälineet
cyllyll a ffyrc
pöytäliina
lliain bwrdd

alkuruoka
cwrs cyntaf

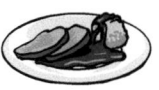

pääruoka
prif gwrs

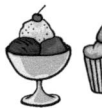

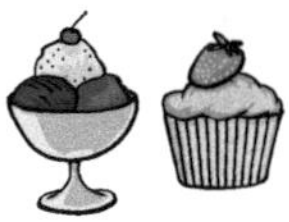

jälkiruoka
pwdin

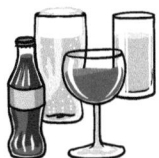

juomat
diodydd

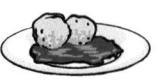

ruoka
bwyd

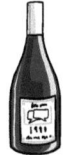

pullo
potel

pikaruoka

bwyd cyflym

katuruoka

bwyd y stryd

teekannu

tebot

sokeriastia

powlen siwgr

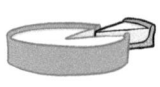

annos

dogn

espressokeitin

peiriant espresso

syöttötuoli

cadair plentyn

lasku

bil

tarjotin

hambwrdd

veitsi

cyllell

haarukka

fforc

lusikka

llwy

teelusikka

llwy de

servietti

napcyn

lasi

gwydr

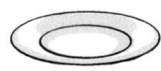

lautanen
....
plât

syvä lautanen
....
plât cawl

aluslautanen
....
soser

kastike
....
saws

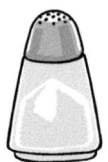

suolasirotin
....
pot halen

pippurimylly
....
melin bupur

etikka
....
finegr

öljy
....
olew

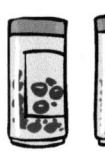

mausteet
....
sbeisys

ketsuppi
....
saws coch

sinappi
....
mwstard

majoneesi
....
mayonnaise

supermarketti
archfarchnad

tarjous
cynnig arbennig
FOR
asiakas
cwsmer
maitotuotteet
cynnyrch llaeth
hedelmät
ffrwythau
ostoskärryt
troli

BUTCHERS

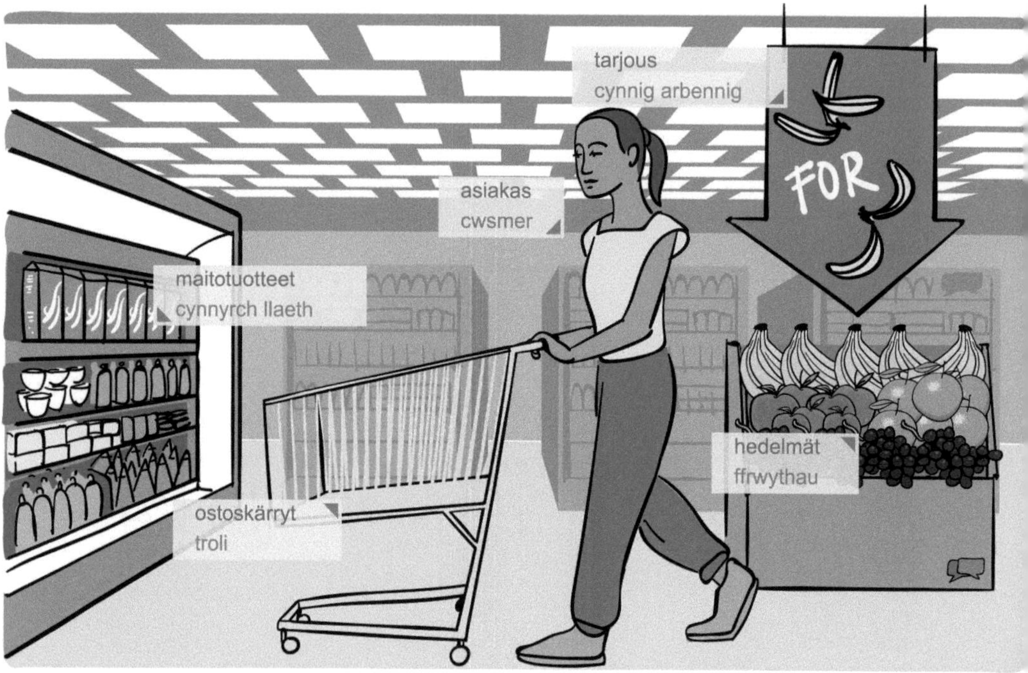

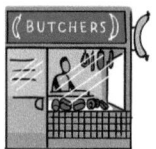

teurastamo

siop gig

BAKERY

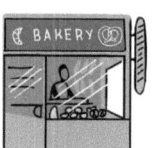

leipomo

siop fara

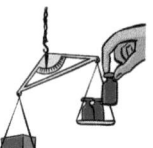

punnita

pwyso

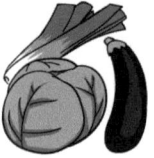

kasvikset

llysiau

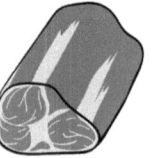

liha

cig

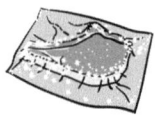

pakasteet

Bwyd wedi'i rewi

leikkele
cig oer

säilykkeet
bwyd tun

pesujauhe
powdr golchi

makeiset
da-da

kotitaloustarvikkeet
cynnyrch cartref

puhdistusaineet
cynhyrchion glanhau

myyjä
gwerthwraig

kassa
til

kassanhoitaja
ariannwr

ostoslista
rhestr siopa

aukioloajat
oriau agor

lompakko
waled

luottokortti
cerdyn credyd

kassi
bag

muovipussi
bag plastig

vesi

dŵr

mehu

sudd

maito

llefrith

kokis

côc

viini

gwin

olut

cwrw

alkoholi

alcohol

kaakao

coco

tee

te

kahvi

coffi

espresso

espresso

cappuccino

cappuccino

banaani

banana

omena

afal

appelsiini

oren

meloni

melon

sitruuna

lemwn

porkkana

moronen

valkosipuli

garlleg

bambu

bambŵ

sipuli

nionyn

sieni

madarchen

pähkinät

cnau

spagetti

nwdls

spagetti

sbageti

riisi

reis

salaatti

salad

ranskalaiset

sglodion

paistetut perunat

tatws wedi'u ffrïo

pitsa

pitsa

hampurilainen

hambyrger

voileipä

brechdan

leike

cytled

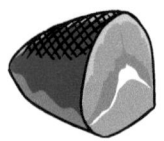

kinkku

ham

salami

salami

makkara

selsig

kana

cyw iâr

paisti

rhost

kala

pysgodyn

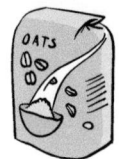

kaurahiutaleet

ceirch uwd

mysli

miwsli

murot

creision ŷd

jauho

blawd

voisarvi

croissant

sämpylä

bynsen

leipä

bara

paahtoleipä

tost

keksit

bisgedi

voi

menyn

rahka

ceuled

kakku

teisen

kananmuna

wy

paistettu kananmuna

wy wedi'i ffrïo

juusto

caws

jäätelö

hufen iâ

sokeri

siwgr

hunaja

mêl

hillo

jam

suklaapähkinälevite

siocled taenu

curry

cyri

maatila
fferm

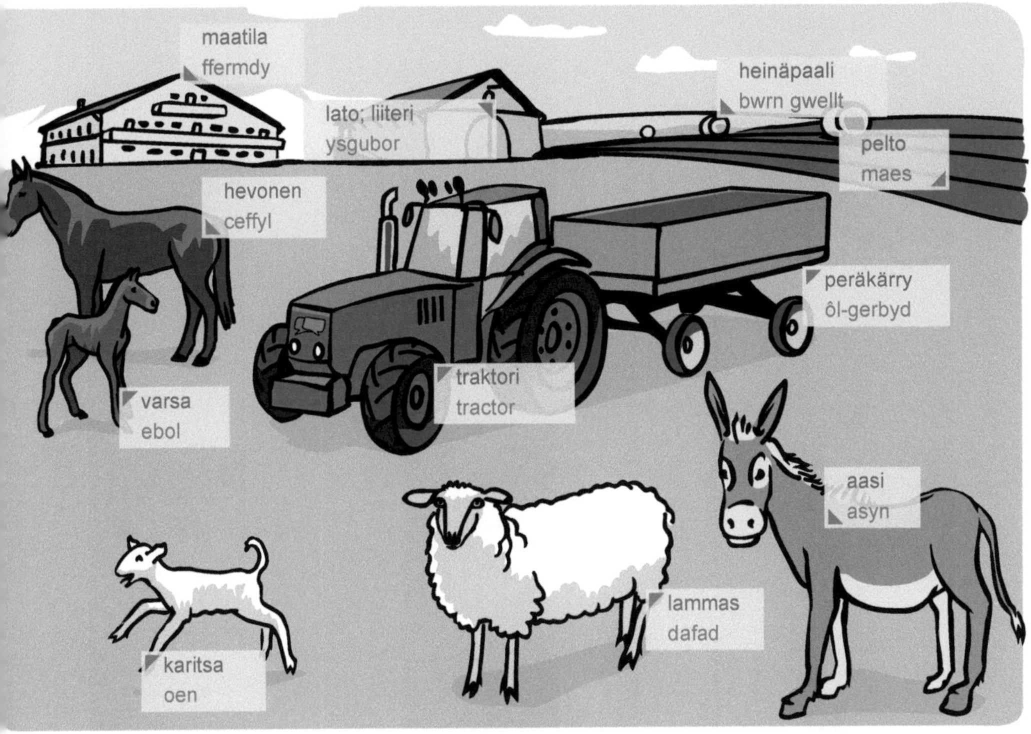

maatila
ffermdy
heinäpaali
bwrn gwellt
lato; liiteri
ysgubor
pelto
maes
hevonen
ceffyl
peräkärry
ôl-gerbyd
traktori
tractor
varsa
ebol
aasi
asyn
lammas
dafad
karitsa
oen

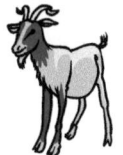

vuohi

gafr

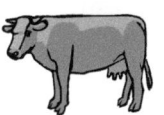

lehmä

buwch

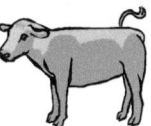

vasikka

llo

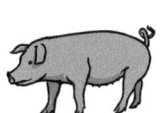

sika

mochyn

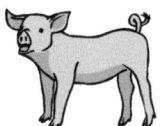

porsas

porchell

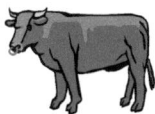

sonni

tarw

hanhi

gwydd

ankka

hwyaden

tipu

cyw

kana

iâr

kukko

ceiliog

rotta

llygoden fawr

kissa

cath

hiiri

llygoden

härkä

ych

koira

ci

koirankoppi

cwt ci

puutarhaletku

pibell ddŵr

kastelukannu

can dŵr

viikate

pladur

aura

aradr

sirppi

cryman

kuokka

fforch chwynu

talikko

picwarch

kirves

bwyell

kottikärryt

berfa

kaukalo

cafn

maitokannu

tun llefrith

säkki

sach

aita

ffens

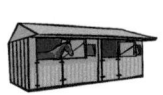

talli

stabl

kasvihuone

tŷ gwydr

maa

pridd

siemen

hedyn

lannoite

gwrtaith

leikkuupuimuri

dyrnwr medi

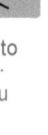

kerätä sato

cynaeafu

sato

cynhaeaf

jamssit

iamau

vehnä

gwenith

soija

soi

peruna

tysen

maissi

grawn

rypsi

had rêp

hedelmäpuu

coeden ffrwythau

maniokki

manioc

vilja

grawnfwydydd

savupiippu
simnai

katto
to

sadevesikouru
peipen law

ikkuna
ffenestr

autotalli
garej

ovikello
cloch y drws

ovi
drws

roska-astia
bin sbwriel

postilaatikko
blwch post

puutarha
gardd

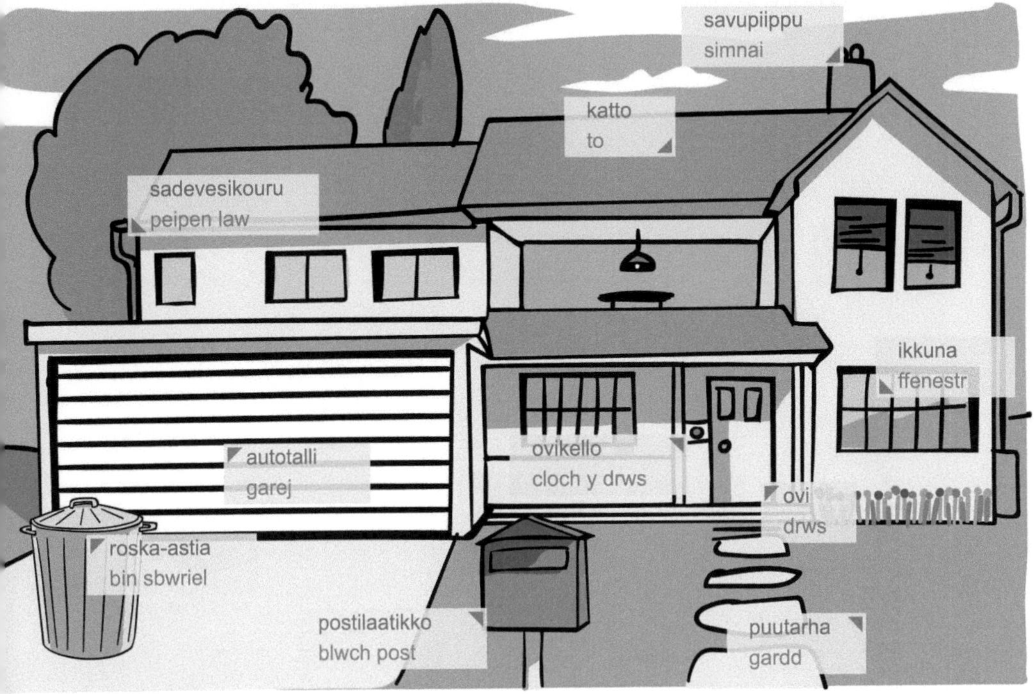

olohuone

lolfa

kylpyhuone

ystafell ymolchi

keittiö

cegin

makuuhuone

ystafell wely

lastenhuone

ystafell plentyn

ruokahuone

ystafell fwyta

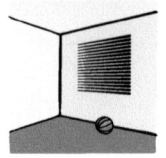

lattia

llawr

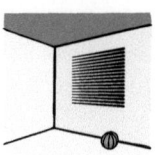

seinä

wal

katto

nenfwd

kellari

seler

sauna

sawna

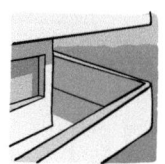

parveke

balconi

terassi

teras

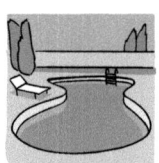

uima-allas

pwll

ruohonleikkuri

peiriant torri gwair

lakana

taflen

päiväpeitto

gorchudd gwely

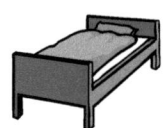

sänky

gwely

harja

ysgub

ämpäri

bwced

katkaisin

swits

olohuone
lolfa

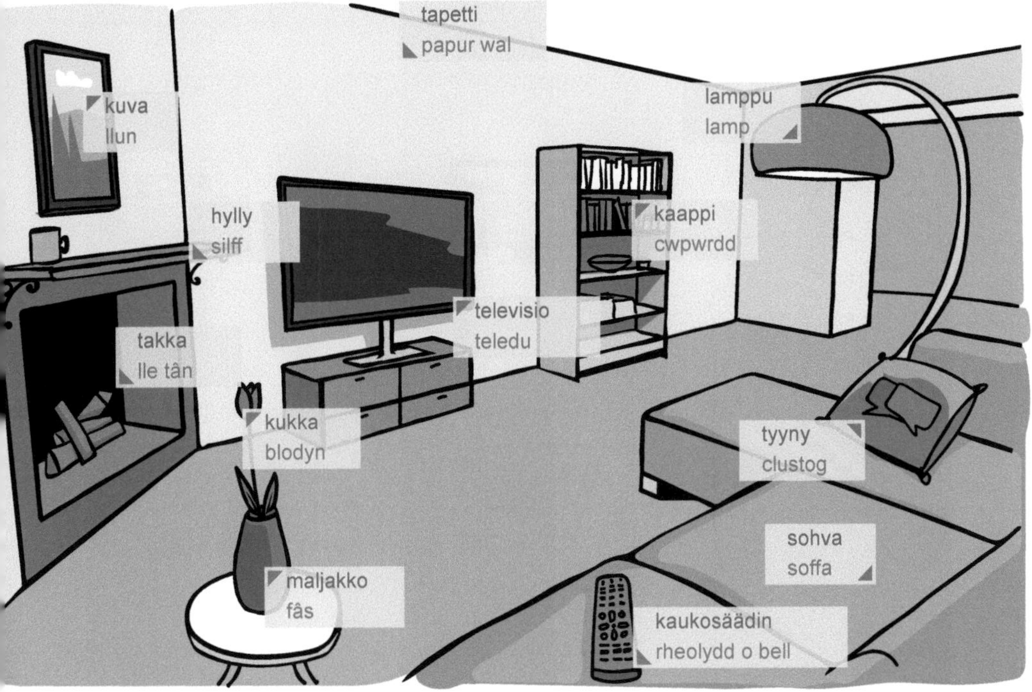
tapetti
papur wal
kuva
llun
lamppu
lamp
hylly
silff
kaappi
cwpwrdd
televisio
teledu
takka
lle tân
kukka
blodyn
tyyny
clustog
sohva
soffa
maljakko
fâs
kaukosäädin
rheolydd o bell

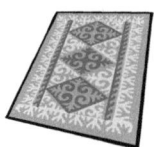

matto

carped

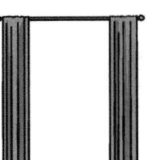

verho

llen

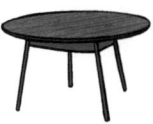

pöytä

bwrdd

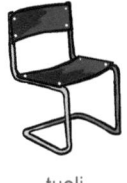

tuoli

cadair

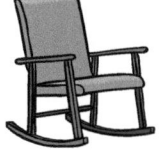

keinutuoli

cadair siglo

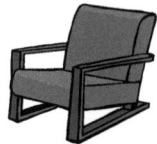

nojatuoli

cadair freichiau

kirja

llyfr

peitto

blanced

koriste

addurn

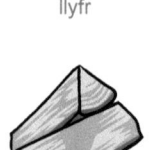

polttopuut

coed tân

elokuva

ffilm

stereot

hi-fi

avain

agoriad

sanomalehti

papur newydd

maalaus

darlun

juliste

poster

radio

radio

muistivihko

llyfr nodiadau

pölynimuri

hwfer

kaktus

cactws

kynttilä

cannwyll

keittiö
cegin

jääkaappi
oergell
mikroaaltouuni
popty micro-don
keittiövaaka
clorian gegin
leivänpaahdin
tostiwr
pesuaine
gwlybwr
leivinuuni
popty
pakastinlokero
rhewgist
roska-astia
bin sbwriel
astianpesukone
peiriant golchi llestri

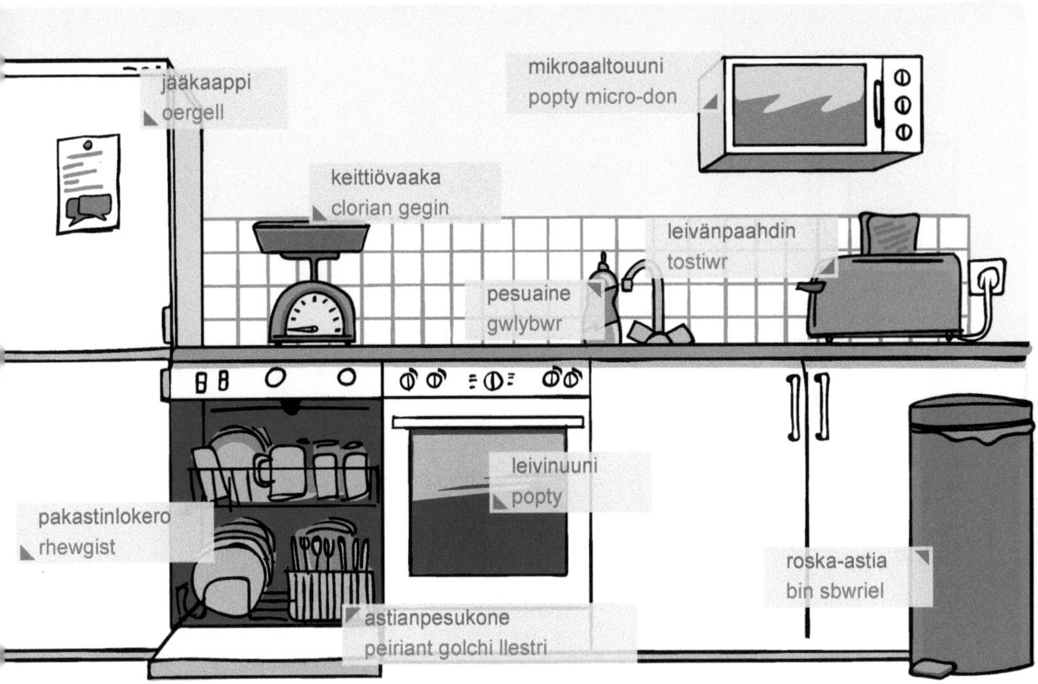

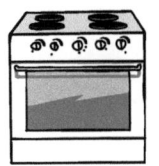

liesi

popty

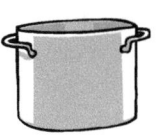

kattila

pot

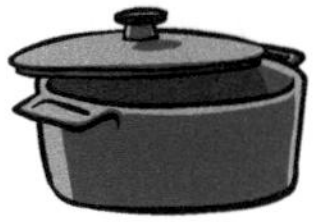

rautapata

pot haearn bwrw

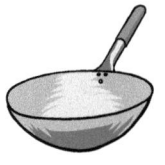

vokkipannu / kadai-pannu

wok / kadai

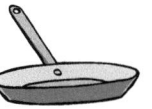

paistinpannu

padell

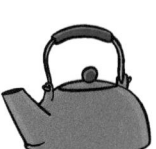

teepannu

tegell

höyrykeitin

sosban stemio

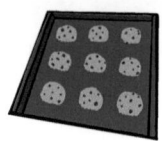

uunipelti

hambwrdd pobi

astiat

llestri

muki

mwg

kulho

powlen

syömäpuikot

gweill bwyta

kauha

lletwad

paistinlasta

ysbodol

vispilä

chwisg

siivilä

hidlydd

siivilä

gogr

raastin

gratiwr

mortteli

morter

grilli

barbeciw

avotuli

tân agored

leikkuulauta

bwrdd torri cig

kaulin

rholbren

korkinavaaja

tynnwr corcyn

purkki

tun

purkinavaaja

peth agor tuniau

pannulappu

clwt pot

lavuaari

sinc

tiskiharja

brws

pesusieni

sbwng

tehosekoitin

peiriant cymysgu

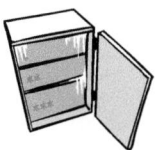

pakastin

rhewgell

tuttipullo

potel babi

vesihana

tap

kylpyhuone
ystafell ymolchi

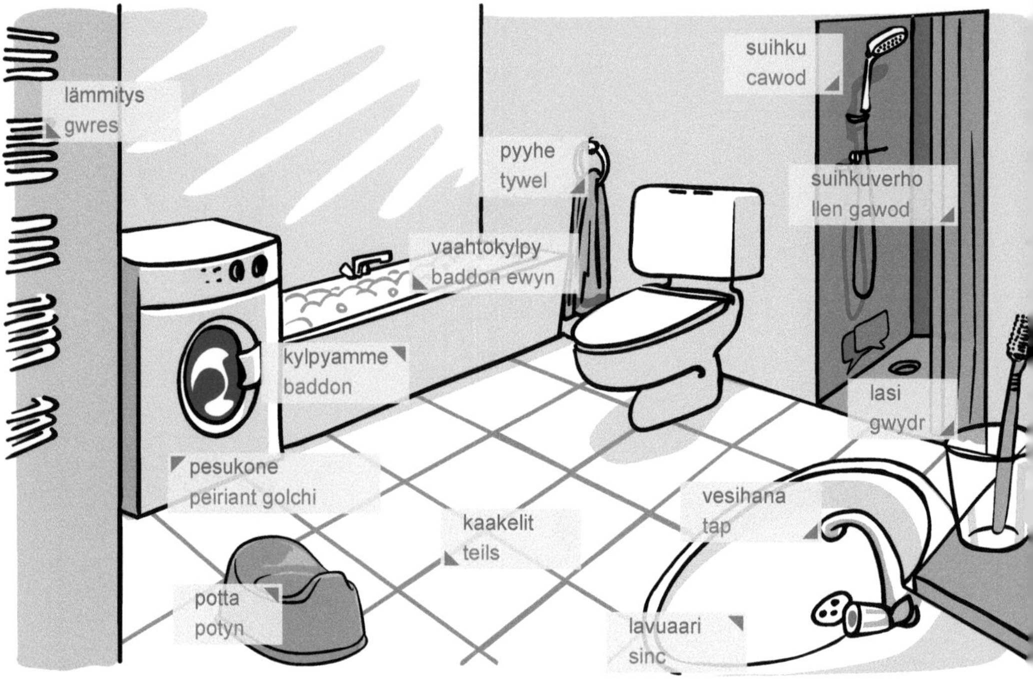

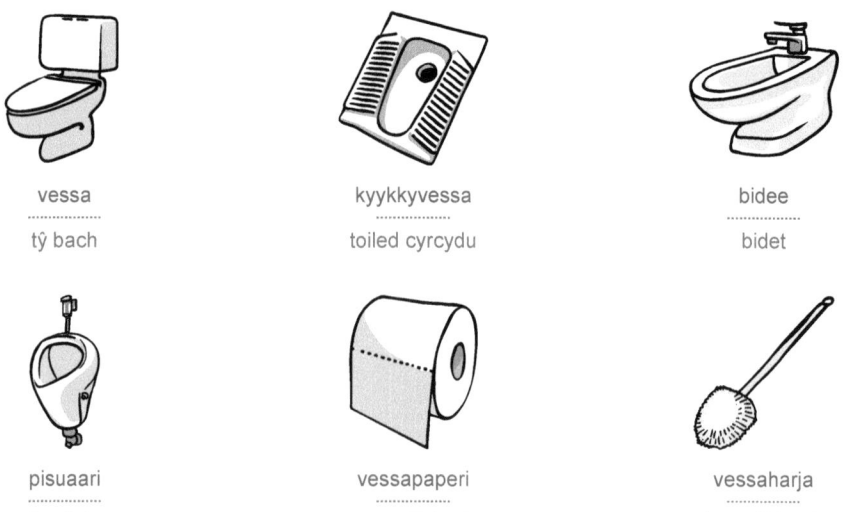

lämmitys
gwres
suihku
cawod
pyyhe
tywel
suihkuverho
llen gawod
vaahtokylpy
baddon ewyn
kylpyamme
baddon
lasi
gwydr
pesukone
peiriant golchi
vesihana
tap
kaakelit
teils
potta
potyn
lavuaari
sinc

vessa

tŷ bach

kyykkyvessa

toiled cyrcydu

bidee

bidet

pisuaari

troethfa

vessapaperi

papur tŷ bach

vessaharja

brws tŷ bach

hammasharja

brws dannedd

hammastahna

past dannedd

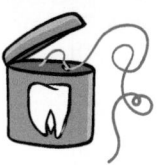

hammaslanka

edau ddannedd

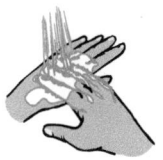

pestä

golchi

käsisuihku

cawod llaw

intiimisuihku

golchfa

pesuvati

basn

selkäharja

brws-ôl

saippua

sebon

suihkugeeli

gel cawod

shampoo

siampŵ

pesulappu

gwlanen

viemäri

ffos

voide

hufen

deodorantti

diaroglydd

kylpyhuone - ystafell ymolchi 39

peili

drych

käsipeili

drych llaw

partaveitsi

rasel

partavaahto

ewyn eillio

partavesi

sent eillio

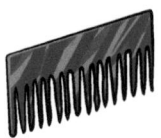

kampa

crib

harja

brws

hiustenkuivaaja

sychwr gwallt

hiuslakka

chwistrell gwallt

meikki

colur

huulipuna

minlliw

kynsilakka

farnais ewinedd

pumpuli

gwlân cotwm

kynsisakset

siswrn ewinedd

hajuvesi

persawr

kosmetiikkalaukku

bag ymolchi

jakkara

stôl

vaaka

clorian

kylpytakki

gŵn baddon

kumihansikkaat

menig rwber

tamponi

tampon

terveysside

tywel misglwyf

kemiallinen wc

toiled cemegol

lastenhuone
ystafell plentyn

herätyskello
cloc larwm
pehmolelu
tegan anwes
leikkiauto
car tegan
helistin
cleciwr
nukkekoti
tŷ dol
lahja
anrheg

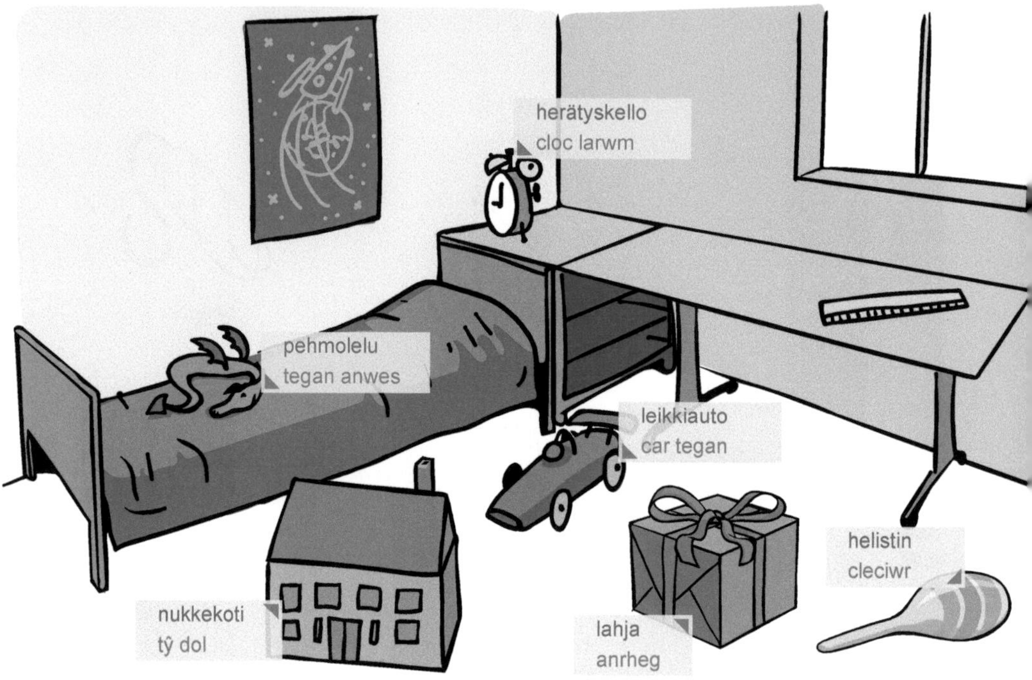

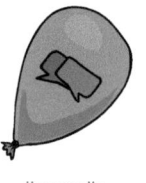

ilmapallo

balŵn

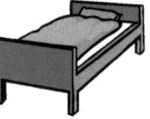

sänky

gwely

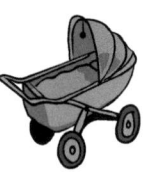

lastenvaunut

pram

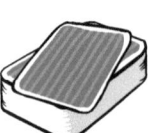

korttipeli

pecyn o gardiau

palapeli

jig-so

SUPER
MEGA

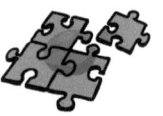

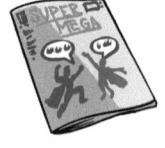

sarjakuva

comic

legopalikat

brics Lego

rakennuspalikat

blociau adeiladu

supersankari

ffigur gweithredu

potkupuku

babygro

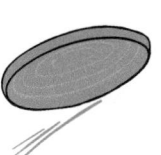

frisbee

ffrisbi

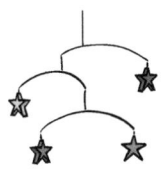

mobile

symudyn

lautapeli

gêm fwrdd

noppa

deis

pienoisjunarata

set model trên

tutti

teth lwgu

juhlat

parti

kuvakirja

llyfr lluniau

pallo

pêl

nukke

dol

leikkiä

chwarae

hiekkalaatikko

pwll tywod

keinu

swing

lelut

teganau

pelikonsoli

consol gemau fideo

kolmipyörä

beic tair olwyn

nalle

tedi

vaatekaappi

cwpwrdd dillad

vaatteet

dillad

sukat

hosanau

nylonsukat

hosanau

sukkahousut

teits

kaulaliina
sgarff

sateenvarjo
ymbarél

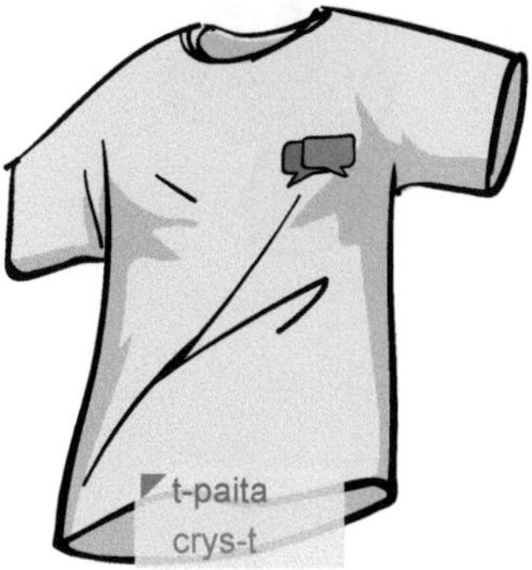

t-paita
crys-t

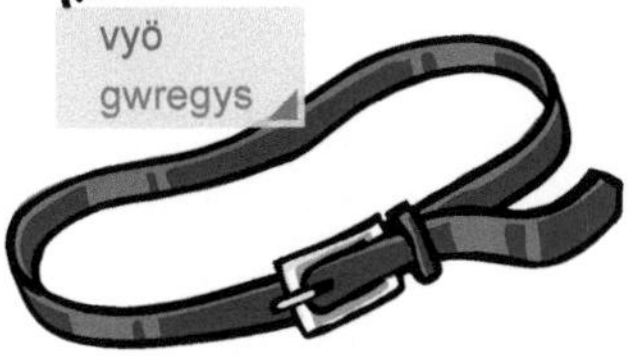

vyö
gwregys

saappaat
esgidiau

sisätossut
sliperi

lenkkarit
esidiau ymarfer

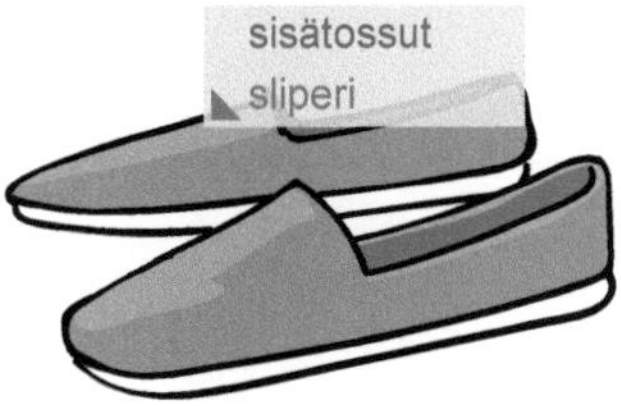

sandaalit
....
sandalau

kengät
....
esgidiau

kumisaappaat
....
esgidiau rwber

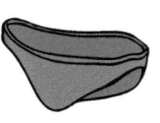

alushousut
....
trôns

rintaliivit
....
bra

aluspaita
....
fest

body

corff

housut

trowsus

farkut

jîns

hame

sgert

pusero

blows

paita

crys

villapaita

pwlofer

collegepaita

hwdi

jakku

blaser

takki

siaced

takki

côt

sadetakki

côt law

puku

gwisg

mekko

gŵn

hääpuku

gwisg briodas

puku

siwt

yöpaita

gŵn nos

pyjama

pyjamas

shari

sari

päähuivi

sgarff pen

turbaani

tyrban

burka

bwrca

kaftaani

cafftan

abaya

abaya

uimapuku

gwisg nofio

uimahousut

trowsus nofio

shortsit

siorts

verkkarit

tracwisg

esiliina

ffedog

käsineet

menig

nappi

botwm

silmälasit

sbectol

rannekoru

breichled

kaulakoru

cadwyn

sormus

modrwy

korvakoru

clustdlws

lippalakki

cap

ripustin

cambren

hattu

het

solmio

tei

vetoketju

sip

kypärä

helmed

henkselit

fframiau danedd

koulupuku

gwisg ysgol

univormu

gwisg

ruokalappu
bib

tutti
teth lwgu

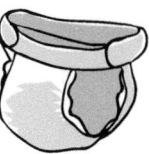

vaippa
cewyn

toimisto
swyddfa

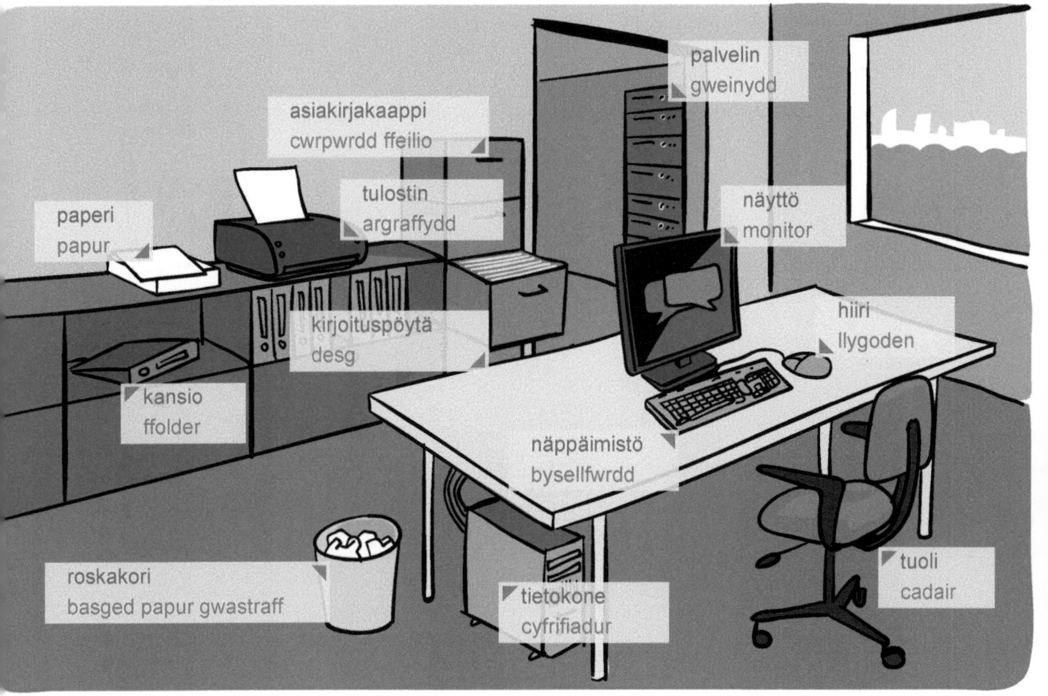

palvelin
gweinydd

asiakirjakaappi
cwrpwrdd ffeilio

paperi
papur

tulostin
argraffydd

näyttö
monitor

kirjoituspöytä
desg

hiiri
llygoden

kansio
ffolder

näppäimistö
bysellfwrdd

roskakori
basged papur gwastraff

tietokone
cyfrifiadur

tuoli
cadair

kahvimuki
mwg coffi

taskulaskin
cyfrifiannell

internet
rhyngrwyd

kannettava tietokone

gliniadur

kirje

llythyr

viesti

neges

kännykkä

ffôn symudol

verkko

rhwydwaith

kopiokone

llungopïwr

ohjelmisto

meddalwedd

puhelin

teleffon

pistorasia

soced plwg

faksi

peiriant ffacs

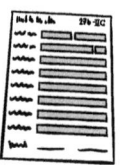

lomake

ffurflen

asiakirja

dogfen

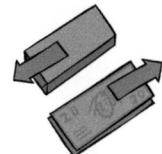

ostaa

prynu

maksaa

talu

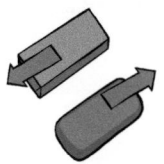

vaihtaa

masnachu

raha

arian

 USD

dollari

doler

 EUR

euro

ewro

 JPY

jeni

yen

 RUB

rupla

rwbl

 CHF

frangi

ffranc y Swistir

 CNY

renminbi juan

yuan renminbi

 INR

rupia

rwpi

pankkiautomaatti

peiriant arian

rahanvaihto

swyddfa gyfnewid

kulta

aur

hopea

arian

öljy

olew

energia

ynni

hinta

pris

sopimus

contract

vero

treth

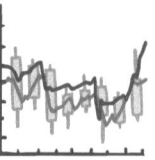

osake

stoc

työskennellä

gweithio

työntekijä

cyflogai

työnantaja

cyflogwr

tehdas

ffatri

liike

siop

poliisi
swyddog heddlu

palomies
diffoddwr tân

kokki
cogydd

lääkäri
meddyg

lentäjä
peilot

puutarhuri

garddwr

puuseppä

saer

ompelija

gwniadwraig

tuomari

barnwr

kemisti

fferyllydd

näyttelijä

actor

linja-autonkuljettaja

gyrrwr bws

taksinkuljettaja

gyrrwr tacsi

kalastaja

pysgotwr

siivooja

glanhawraig

katontekijä

töwr

tarjoilija

gweinydd

metsästäjä

heliwr

maalari

paentiwr

leipuri

pobydd

sähköasentaja

trydanwr

rakentaja

adeiladwr

insinööri

peiriannydd

teurastaja

cigydd

putkiasentaja

plymiwr

postinjakaja

dyn y post

sotilas

milwr

arkkitehti

pensaer

kassanhoitaja

ariannwr

floristi

gwerthwr blodau

kampaaja

triniwr gwallt

konduktööri

archwiliwr tocynnau
rheilffordd

mekaanikko

mecanydd

kapteeni

capten

hammaslääkäri

deintydd

tiedemies

gwyddonydd

rabbi

rabi

imaami

imam

munkki

mynach

pappi

clerigwr

työkalut
offer

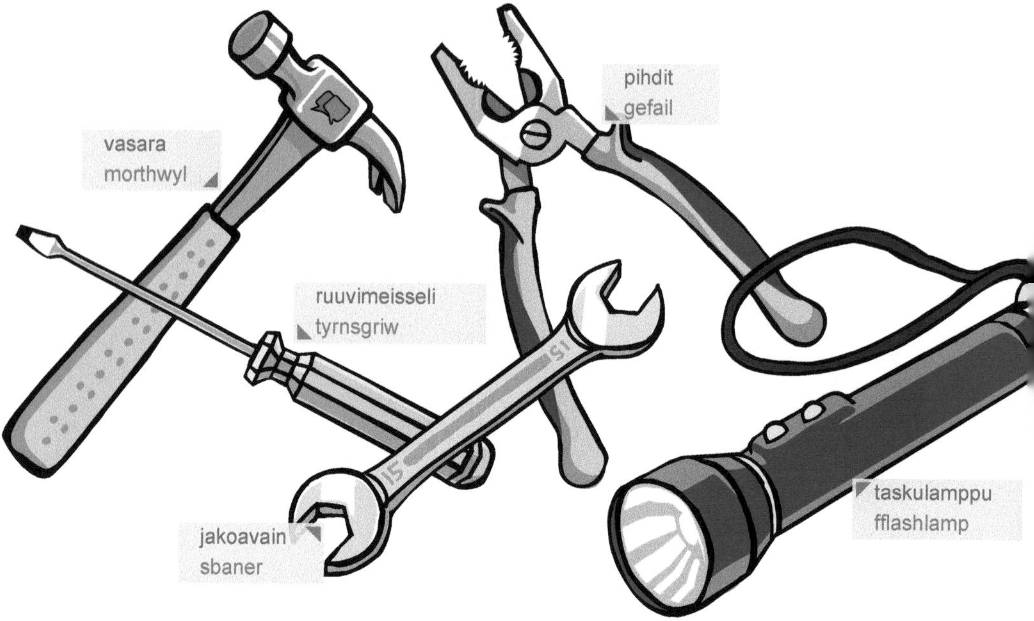
vasara
morthwyl
pihdit
gefail
ruuvimeisseli
tyrnsgriw
jakoavain
sbaner
taskulamppu
fflashlamp

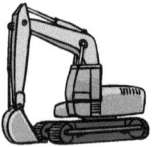

kaivinkone
turiwr

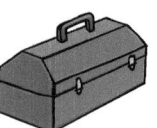

työkalupakki
blwch offer

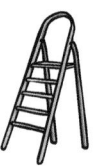

tikkaat
ysgol

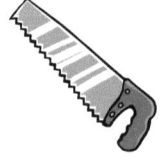

saha
llif

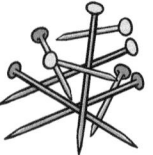

naulat
hoelion

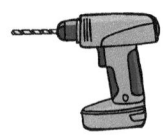

pora
dril

korjata

trwsio

lapio

rhaw

Hitto!

Daria!

rikkalapio

rhaw lwch

maalipurkki

pot paent

ruuvit

sgriwiau

soittimet

offerynnau cerdd

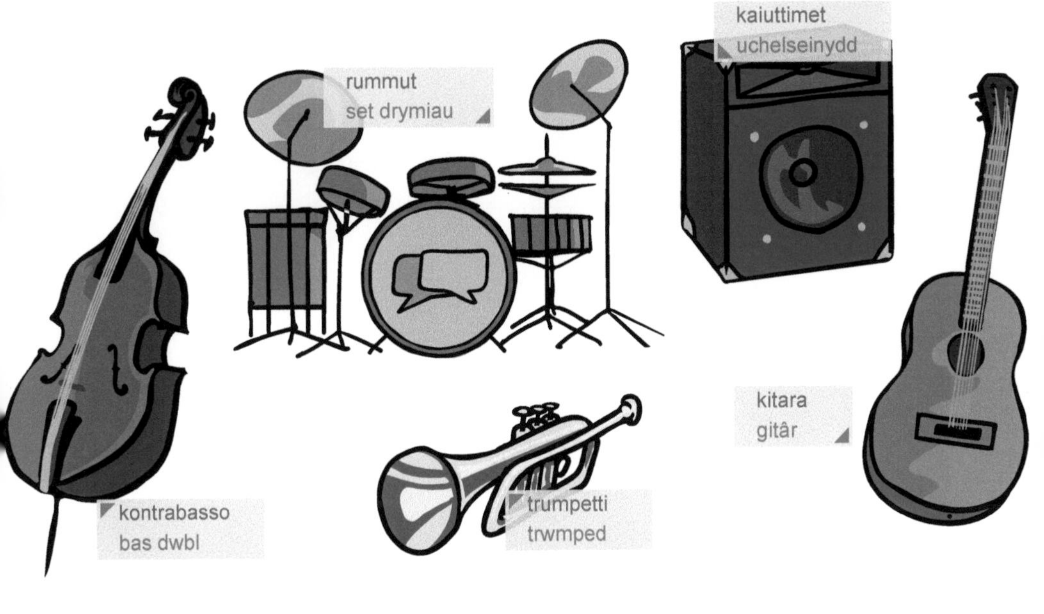

kaiuttimet
uchelseinydd

rummut
set drymiau

kontrabasso
bas dwbl

trumpetti
trwmped

kitara
gitâr

piano
piano

viulu
ffidil

basso
bas

patarummut
timpani

rumpu
drymiau

kosketinsoitin
cyweirfwrdd

saksofoni
sacsoffon

huilu
ffliwt

mikrofoni
meicroffon

eläintarha
sŵ

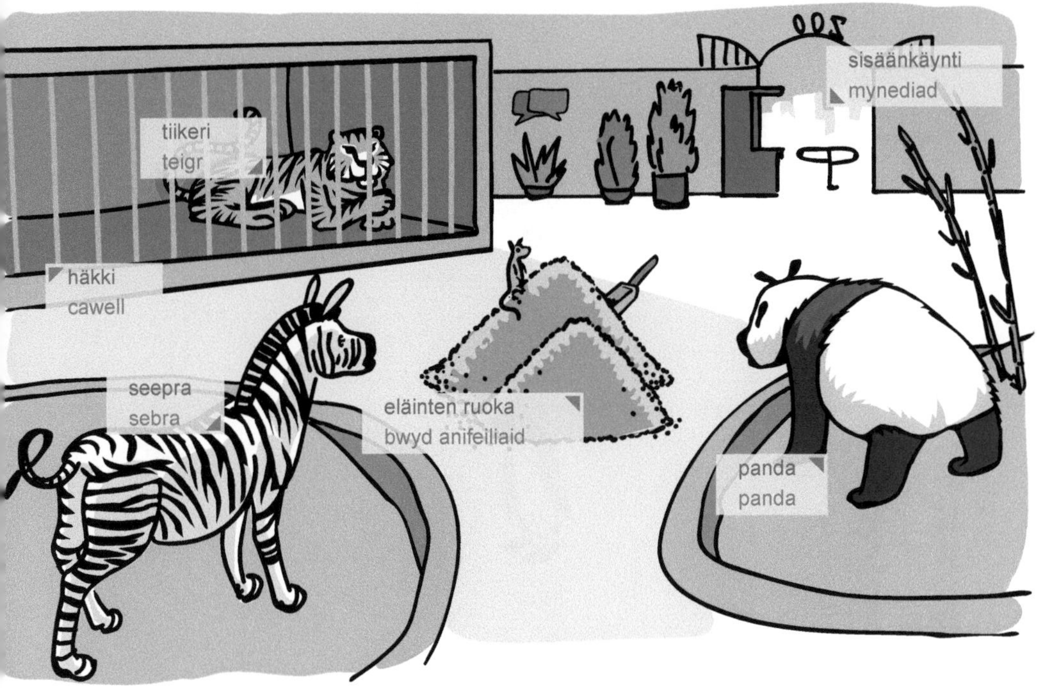

sisäänkäynti
mynediad
tiikeri
teigr
häkki
cawell
seepra
sebra
eläinten ruoka
bwyd anifeiliaid
panda
panda

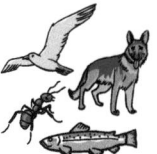

eläimet
anifeiliaid

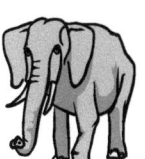

norsu
eliffant

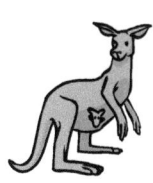

kenguru
cangarŵ

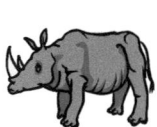

sarvikuono
rhinoseros

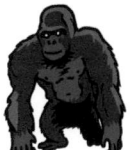

gorilla
gorila

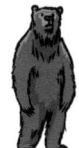

karhu
arth

kameli

camel

strutsi

estrys

leijona

llew

apina

mwnci

flamingo

fflamingo

papukaija

parot

jääkarhu

arth wen

pingviini

pengwin

hai

siarc

riikinkukko

paun

käärme

neidr

krokotiili

crocodeil

eläintarhanhoitaja

gofalwr sŵ

hylje

morlo

jaguaari

jagwar

poni

merlyn

leopardi

llewpard

virtahepo

hipo

kirahvi

jiráff

kotka

eryr

villisika

baedd

kala

pysgodyn

kilpikonna

crwban

mursu

walrws

kettu

llwynog

gaselli

gafrewig

amerikkalainen jalkapallo
pêl-droed America

pyöräily
beicio

tennis
tennis

koripallo
pêl-fasged

uinti
nofio

nyrkkeily
bocsio

jääkiekko
hoci iâ

jalkapallo
pêl-droed

sulkapallo
badminton

yleisurheilu
athletau

käsipallo
pêl-law

hiihto
sgïo

poolo
polo

aktiviteetit
gweithgareddau

hypätä
neidio
halata
cofleidio
nauraa
chwerthin
kävellä
cerdded
laulaa
canu
unelmoida
breuddwydio
rukoilla
gweddïo
suudella
cusanu

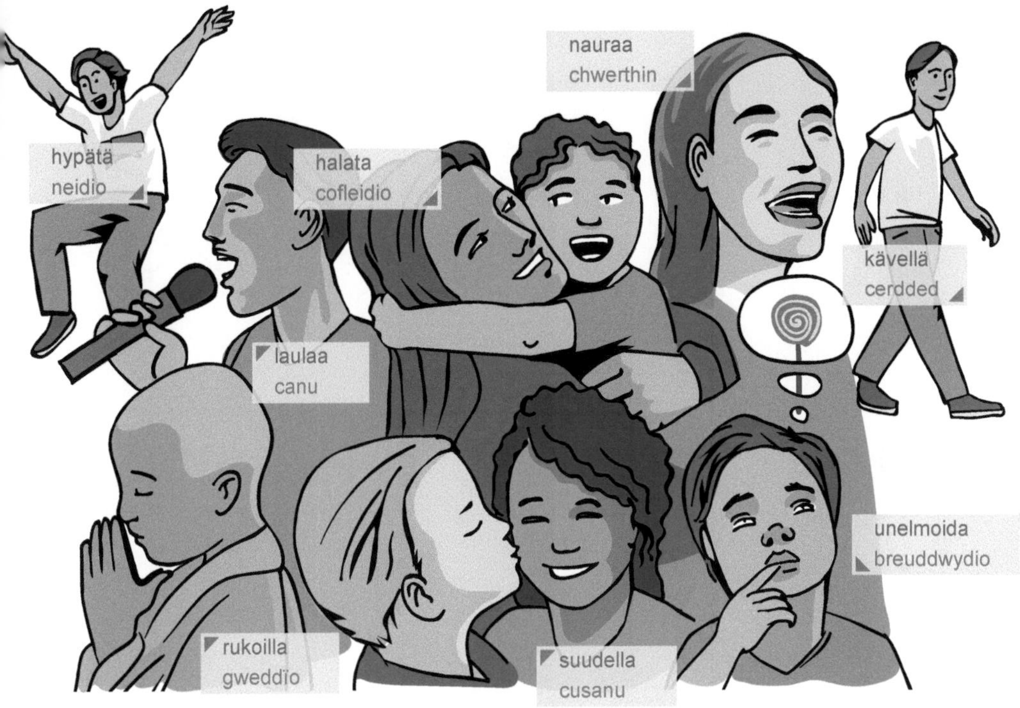

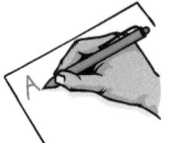

kirjoittaa
ysgrifennu

piirtää
arlunio

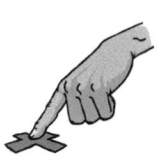

näyttää
dangos

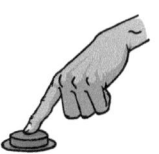

painaa
gwthio

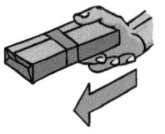

antaa
rhoi

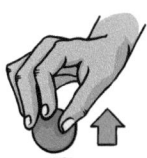

ottaa
cymryd

omistaa

bod gan

tehdä

gwneud

olla

bod

seisoa

sefyll

juosta

rhedeg

vetää

tynnu

heittää

taflu

kaatua

disgyn

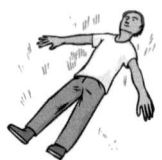

maata

gorwedd

odottaa

aros

kantaa

cario

istua

eistedd

pukeutua

gwisgo amdanoch

nukkua

cysgu

herätä

deffro

katsoa

edrych ar

itkeä

crïo

silittää

anwesu

kammata

cribo

puhua

siarad

ymmärtää

deall

kysyä

gofyn

kuunnella

gwrando

juoda

yfed

syödä

bwyta

siivota

tacluso

rakastaa

caru

keittää

coginio

ajaa

gyrru

lentää

hedfan

purjehtia

hwylio

laskea

cyfrifo

lukea

darllen

oppia

dysgu

työskennellä

gweithio

mennä naimisiin

priodi

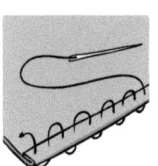

ommella

gwnïo

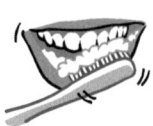

pestä hampaat

brwsio dannedd

tappaa

lladd

tupakoida

ysmygu

lähettää

anfon

mummo
nain

ukki
taid

isä
tad

äiti
mam

vauva
baban

tytär
merch

poika
mab

vieras

gwestai

täti

modryb

setä

ewythr

veli

brawd

sisko

chwaer

vartalo
corff

otsa
talcen
silmä
llygad
olkapää
ysgwydd
sormet
bys
kasvot
wyneb
leuka
gên
käsi
llaw
jalka
coes
rinta
bron
käsivarsi
braich

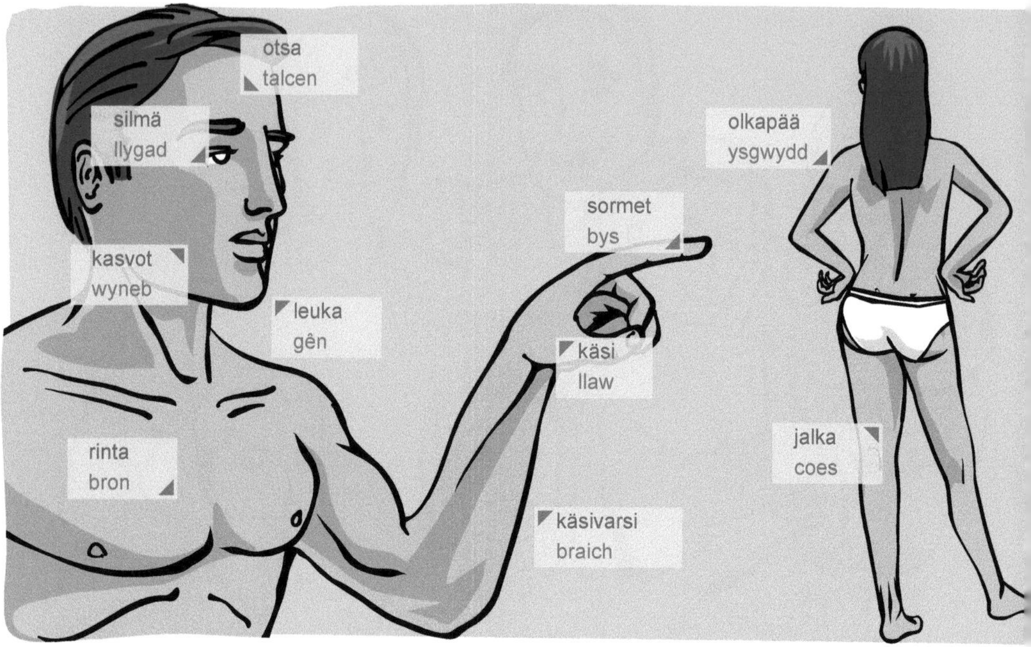

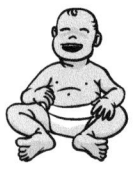

vauva
baban

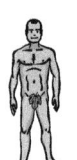

mies
dyn

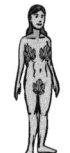

nainen
gwraig

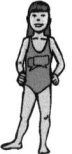

tyttö
geneth

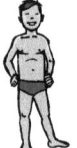

poika
bachgen

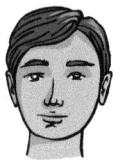

pää
pen

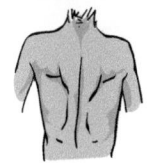

selkä

cefn

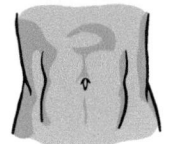

maha

bel

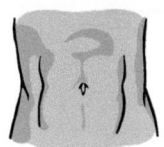

napa

bogail

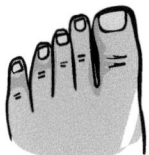

varvas

bys troed

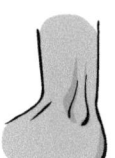

kantapää

sawdl

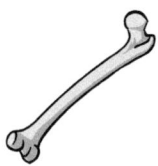

luu

asgwrn

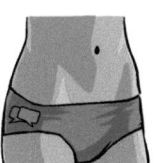

lantio

clun

polvi

pen-glin

kyynärpää

penelin

nenä

trwyn

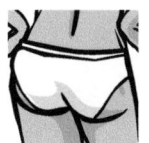

takapuoli

pen ôl

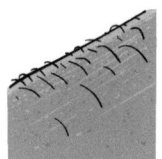

iho

croen

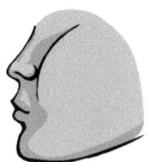

poski

boch

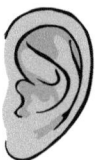

korva

clust

huuli

gwefus

suu

ceg

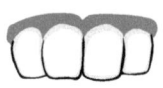

hammas

dant

kieli

tafod

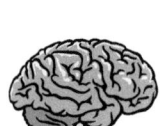

aivot

ymennydd

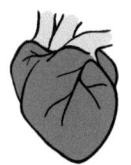

sydän

calon

lihas

cyhyr

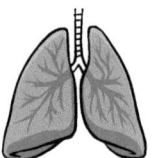

keuhkot

ysgyfaint

maksa

iau

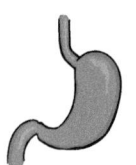

vatsa

stumog

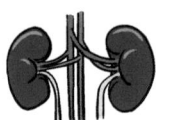

munuaiset

arennau

seksi

rhyw

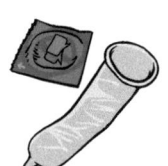

kondomi

condom

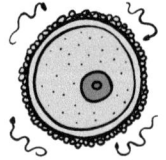

munasolu

ofwm

sperma

semen

raskaus

beichiogrwydd

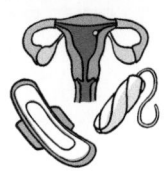

kuukautiset

mislif

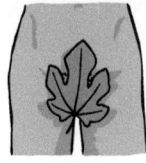

vagina

fagina

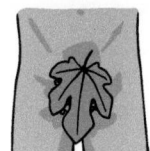

penis

pidyn

kulmakarvat

ael

hiukset

gwallt

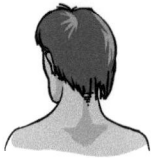

niska

gwddf

sairaala
ysbyty

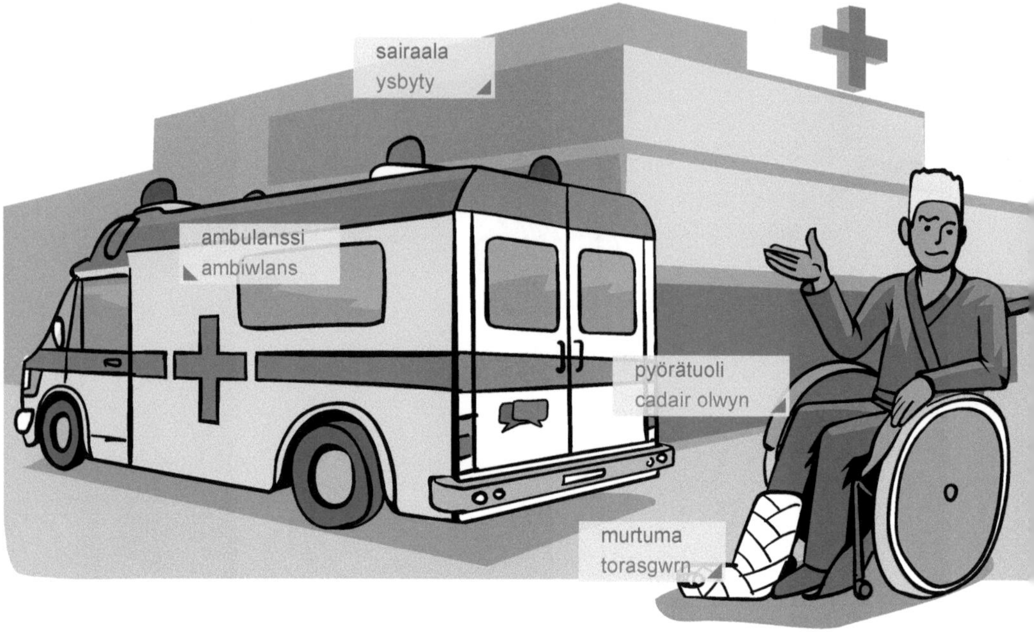

sairaala
ysbyty
ambulanssi
ambiwlans
pyörätuoli
cadair olwyn
murtuma
torasgwrn

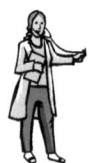

lääkäri

meddyg

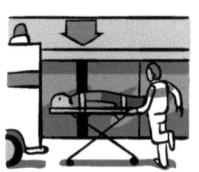

ensiapu

ystafell argyfwng

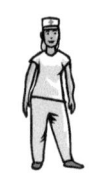

sairaanhoitaja

nyrs

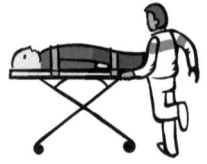

hätätilanne

argyfwng

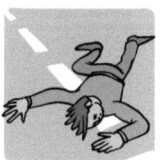

tajuton

anymwybodol

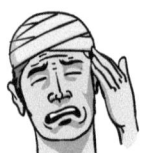

kipu

poen

	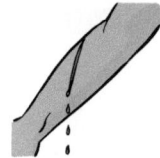	
vamma	verenvuoto	sydänkohtaus
anaf	gwaedu	trawiad ar y galon

aivoinfarkti	allergia	yskä
strôc	alergedd	peswch

kuume	flunssa	ripuli
twymyn	ffliw	dolur rhydd

päänsärky	syöpä	diabetes
cur pen	canser	diabetes

kirurgi	veitsi	leikkaus
llawfeddyg	fflaim	gweithrediad

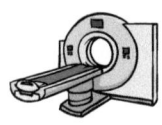

ct

CT

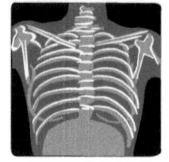

röntgen

pelydr-x

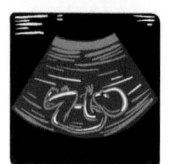

ultraääni

uwchsain

maski

mwgwd wyneb

sairaus

clefyd

odotushuone

ystafell aros

sauva

bagl

laastari

plastr

side

rhwymyn

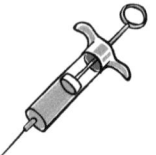

pistos

pigiad

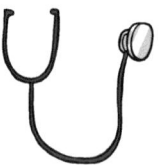

stetoskooppi

stethosgop

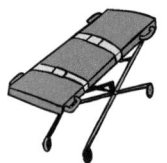

paarit

elorwely

kuumemittari

thermomedr clinigol

syntymä

genedigaeth

ylipaino

dros bwysau

kuulolaite

cymorth clyw

desinfiointiaine

diheintydd

infektio

haint

virus

firws

HIV / AIDS

HIV / AIDS

lääke

meddygaeth

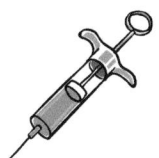

rokotus

brechiad

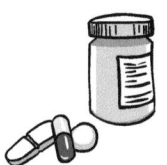

tabletit

tabledi

pilleri

y bilsen

hätäpuhelu

galwad frys

verenpainemittari

monitor pwysau gwaed

sairas / terve

yn sâl / yn iach

Apua!

Help!

hälytys

larwm

ryöstö

ymosodiad

hyökkäys

ymosodiad

vaara

perygl

hätäuloskäynti

allanfa argyfwng

Tulipalo!

Tân!

palosammutin

diffoddwr tân

onnettomuus

damwain

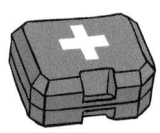

ensiapulaukku

pecyn cymorth cyntaf

SOS

SOS

poliisilaitos

heddlu

Eurooppa

Ewrop

Pohjois-Amerikka

Gogledd America

Etelä-Amerikka

De America

Afrikka

Affrica

Aasia

Asia

Australia

Awstralia

Atlantin valtameri

Iwerydd

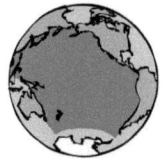

Tyynimeri

y Môr Tawel

Intian valtameri

Cefnfor yr India

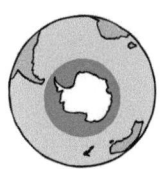

Eteläinen jäämeri

Cefnfor yr Antarctig

Pohjoinen jäämeri

Cefnfor yr Arctig

pohjoisnapa

Pegwn y Gogledd

etelänapa

Pegwn y De

Antarktis

Antarctica

maa

y Ddaear

maa

tir

meri

môr

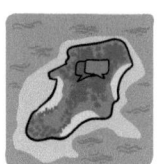

saari

ynys

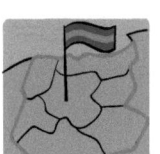

kansa

cenedl

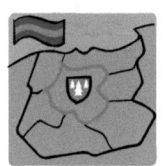

osavaltio

gwladwriaeth

kellotaulu

wyneb cloc

tuntiviisari

bys awr

minuuttiviisari

bys munud

sekuntiviisari

bys eiliad

Paljonko kello on?

Faint o'r gloch yw hi?

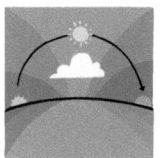

päivä

dydd

aika

amser

nyt

yn awr

digitaalikello

cloc digidol

minuutti

munud

tunti

awr

viikko
wythnos

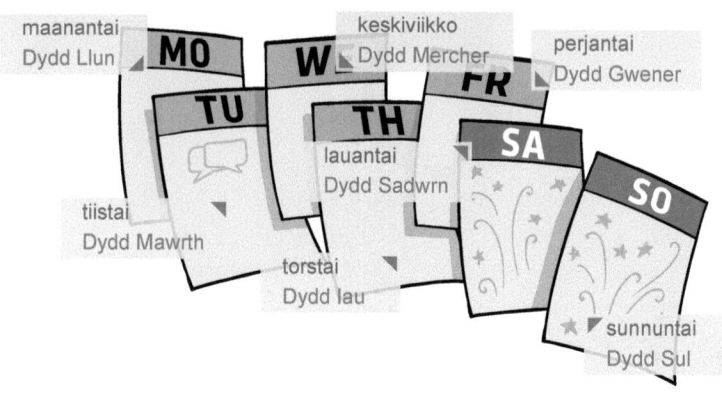

maanantai
Dydd Llun

keskiviikko
Dydd Mercher

perjantai
Dydd Gwener

tiistai
Dydd Mawrth

lauantai
Dydd Sadwrn

torstai
Dydd Iau

sunnuntai
Dydd Sul

eilen

ddoe

tänään

heddiw

huomenna

yfory

aamu

bore

keskipäivä

canol dydd

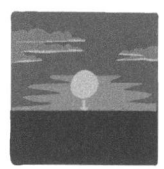

ilta

noswaith

MO	TU	WE	TH	FR	SA	SU
1	2	3	4	5	6	7
8	9	10	11	12	13	14
15	16	17	18	19	20	21
22	23	24	25	26	27	28
29	30	31	1	2	3	4

työpäivät

diwrnodiau busnes

MO	TU	WE	TH	FR	SA	SU
1	2	3	4	5	6	7
8	9	10	11	12	13	14
15	16	17	18	19	20	21
22	23	24	25	26	27	28
29	30	31	1	2	3	4

viikonloppu

penwythnos

vuosi
blwyddyn

sade
glaw
sateenkaari
enfys
lumi
eira
tuuli
gwynt
kevät
gwanwyn
syksy
hydref
kesä
haf
talvi
gaeaf

4.APRIL 11°
5.APRIL 4°
6.APRIL 13°
7.APRIL 8°
8.APRIL 10°

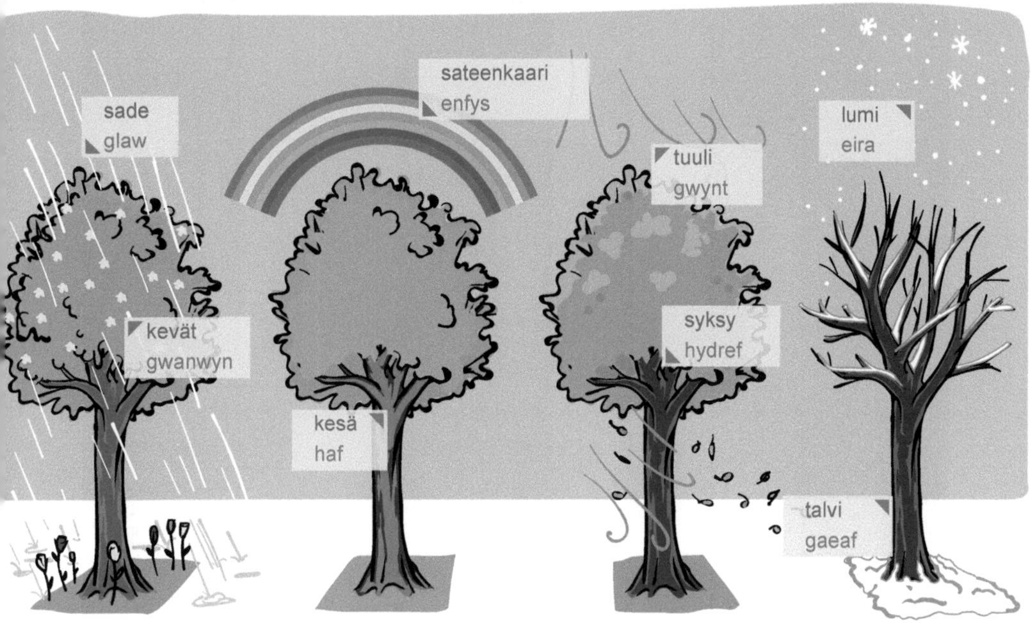

sääennuste

rhagolygon y tywydd

F C
120 40
90 30
60 20
30 10
0 0
-30 -10
-20

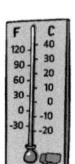

lämpömittari

thermomedr

auringonpaiste

heulwen

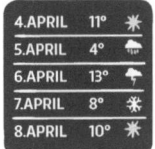

pilvi

cwmwl

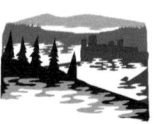

sumu

niwl tew

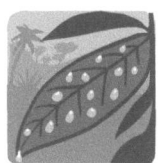

ilmankosteus

lleithder

salama
mellt

ukkonen
taranau

myrsky
storm

rae
cenllysg

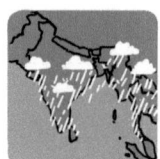

monsuuni
monsŵn

tulva
llif

jää
iâ

tammikuu
Ionawr

helmikuu
Chwefror

maaliskuu
Mawrth

huhtikuu
Ebrill

toukokuu
Mai

kesäkuu
Mehefin

heinäkuu
Gorffennaf

elokuu
Awst

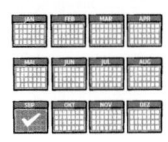

syyskuu
....
Medi

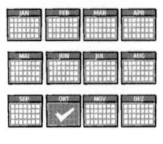

lokakuu
....
Hydref

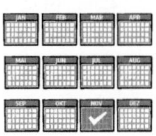

marraskuu
....
Tachwedd

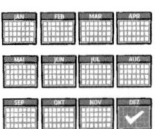

joulukuu
....
Rhagfyr

muodot
siapiau

ympyrä
....
cylch

neliö
....
sgwâr

suorakulmio
....
petryal

kolmio
....
triongl

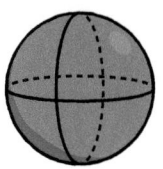

pallo
....
sffêr

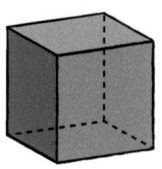

kuutio
....
ciwb

valkoinen

gwyn

keltainen

melyn

oranssi

oren

vaaleanpunainen

pinc

punainen

coch

violetti

porffor

sininen

glas

vihreä

gwyrdd

ruskea

brown

harmaa

llwyd

musta

du

paljon / vähän
llawer / ychydig

vihainen / ystävällinen
dig / tawel

kaunis / ruma
hardd / hyll

alku / loppu
dechrau / diwedd

suuri / pieni
mawr / bach

vaalea / tumma
llachar / tywyll

veli / sisko
brawd / chwaer

puhdas / likainen
glân / budr

täydellinen / epätäydellinen
gyflawn / anghyflawn

päivä / yö
dydd / nos

kuollut / elävä
farw / yn fyw

leveä / kapea
llydan / cul

syötävä / syömäkelvoton

bwytadwy / anfwytadwy

paha / kiltti

drwg / caredig

innostunut / tylsistynyt

llawn cyffro / diflasu

lihava / laiha

tew / tenau

ensimmäinen / viimeinen

cyntaf / olaf

ystävä / vihollinen

cyfaill / gelyn

täysi / tyhjä

llawn / gwag

kova / pehmeä

caled / meddal

painava / kevyt

trwm / ysgafn

nälkä / jano

wedi newynnu / yn sychedig

sairas / terve

yn sâl / yn iach

laiton / laillinen

anghyfreithlon / cyfreithiol

älykäs / tyhmä

deallus / twp

vasen / oikea

chwith / dde

lähellä / kaukana

agos / pell

uusi / käytetty
newydd / wedi'i ddefnyddio

ei mitään / jotain
dim / rhywbeth

vanha / nuori
hen / ifanc

päällä / pois päältä
ymlaen / i ffwrdd

auki / kiinni
ar agor / ar gau

hiljainen / äänekäs
tawel / uchel

rikas / köyhä
cyfoethog / tlawd

oikein / väärin
cywir / anghywir

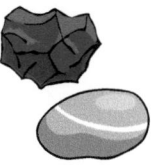

karhea / sileä
garw / llyfn

surullinen / iloinen
trist / hapus

lyhyt / pitkä
byr / hir

hidas / nopea
araf / cyflym

märkä / kuiva
gwlyb / sych

lämmin / viileä
cynnes / claear

sota / rauha
rhyfel / heddwch

0	**1**	**2**
nolla	yksi	kaksi
sero	un	dau

3	**4**	**5**
kolme	neljä	viisi
tri	pedwar	pump

6	**7**	**8**
kuusi	seitsemän	kahdeksan
chwech	saith	wyth

9	**10**	**11**
yhdeksän	kymmenen	yksitoista
naw	deg	un deg un

12

kaksitoista

un deg dau

13

kolmetoista

un deg tri

14

neljätoista

un deg pedwar

15

viisitoista

un deg pump

16

kuusitoista

un deg chwech

17

seitsemäntoista

un deg saith

18

kahdeksantoista

un deg wyth

19

yhdeksäntoista

un deg naw

20

kaksikymmentä

dau ddeg

100

sata

cant

1.000

tuhat

mil

1.000.000

miljoona

miliwn

englanti

Saesneg

amerikanenglanti

Saesneg America

mandariinikiina

Tsieinëeg Mandarin

hindi

Hindi

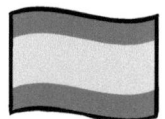

espanja

Sbaeneg

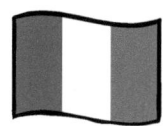

ranska

Ffrangeg

arabia

Arabeg

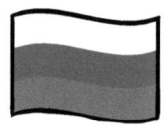

venäjä

Rwseg

portugali

Portiwgaleg

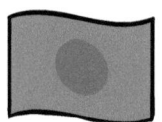

bengali

Bengali

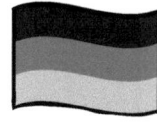

saksa

Almaeneg

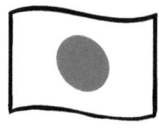

japani

Siapanaeg

minä

fi

sinä

ti

hän

ef / hi

me

ni

te

chi

he

nhw

kuka?

pwy?

mitä / mikä?

beth?

miten?

sut?

missä?

ble?

milloin?

pryd?

nimi

enw

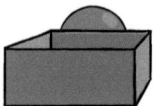

takana

y tu ôl i

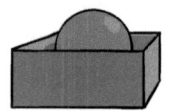

sisällä

yn / yng / ym / mewn

edessä

o flaen

yläpuolella

dros

päällä

ar

alapuolella

dan

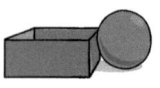

vieressä

wrth ochr

välissä

rhwng

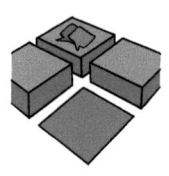

paikka

lle